Klaus Rauer

Fallstudie Projektmanagement II

Muster-Lösungen

zur Fallstudie „Regionenmesse Oberbayern"

Bibliografische Information der Deutschen Nationalbibliothek

Die Deutsche Nationalbibliothek verzeichnet diese Publikation in der Deutschen Nationalbibliografie; detaillierte bibliografische Daten sind im Internet über dnb.d-nb.de abrufbar.

Klaus Rauer ist als Berater und Projektleiter mit Schwerpunkt Bank- und IT-Projekte tätig.

Neben diesen Aufgaben führt Klaus Rauer seit 2007 als zertifizierter Projektmanagement-Trainer Zertifizierungsseminare zum Projektmanagement (IPMA Level D-A) durch.

Disclaimer

Aufgrund der besseren Lesbarkeit wird in den Texten der Einfachheit halber nur die männliche Form verwendet. Die weibliche Form ist selbstverständlich immer miteingeschlossen.

Herstellung und Verlag: BoD – Books on Demand
ISBN: 9783748151784

Inhaltsverzeichnis

FSC
www.fsc.org
MIX
Papier aus ver-
antwortungsvollen
Quellen
Paper from
responsible sources
FSC® C105338

A- Auftragsklärung

Individuelle Lösung

Klar	Unklar	Strittig

B- Projekt-Steckbrief

Projekt-Steckbrief	V1.2 **Regionenmesse Oberbayern**
Projektbezeichnung	Messe „Bayrische Qualitätsprodukte aus ihrer Region"
Projektleiter	Sabine Macher
Projektbeteiligte	ARGE „Region München aktiv"
Auftraggeber	Oliver Müsig, Geschäftsführer FitForTrade GmbH
Kunde	ARGE „Region München aktiv"
Projekt-Oberziel	Organisation und Durchführung einer Fachmesse für Produkte und Dienstleitungen aus der Region Oberbayern
Projektziele	<ul><li>Projektabwicklung mit professionellen Projektmethoden</li><li>Erstellung eines Projekthandbuches, als eine Vorlage für die Durchführung weiterer Fachmessen nach diesem Schema</li><li>Erstellung eines Internetauftritts für die Messe</li><li>Erwirtschaftung einer schwarzen Null</li></ul>
Erwarteter-Nutzen	<ul><li>Sensibilisierung der Bevölkerung zum Thema Nachhaltigkeit und Umwelt</li><li>Förderung der lokalen Wirtschaft</li></ul>
Umfeld	1. Stadt München (Vertreter der ARGE) 2. SWM GmbH 3. Presse 4. Öffentlichkeit 5. Messe München GmbH 6. Aussteller 7. Verbände
Termine	Messetermin: 4.-6. Oktober Projektstart 15.2. Projektende: November, Termin noch offen
Aufwand	Noch offen
Budget	300.000,- aus Mitteln der ARGE Weitere Mittel müssen durch Förderungen, Sponsoren und Eintrittsgelder erbracht werden
Risiken	Fehlende Ressourcen Realisierung des Internetauftritts durch SWM ist ein Kostenrisiko

C-   Ziele

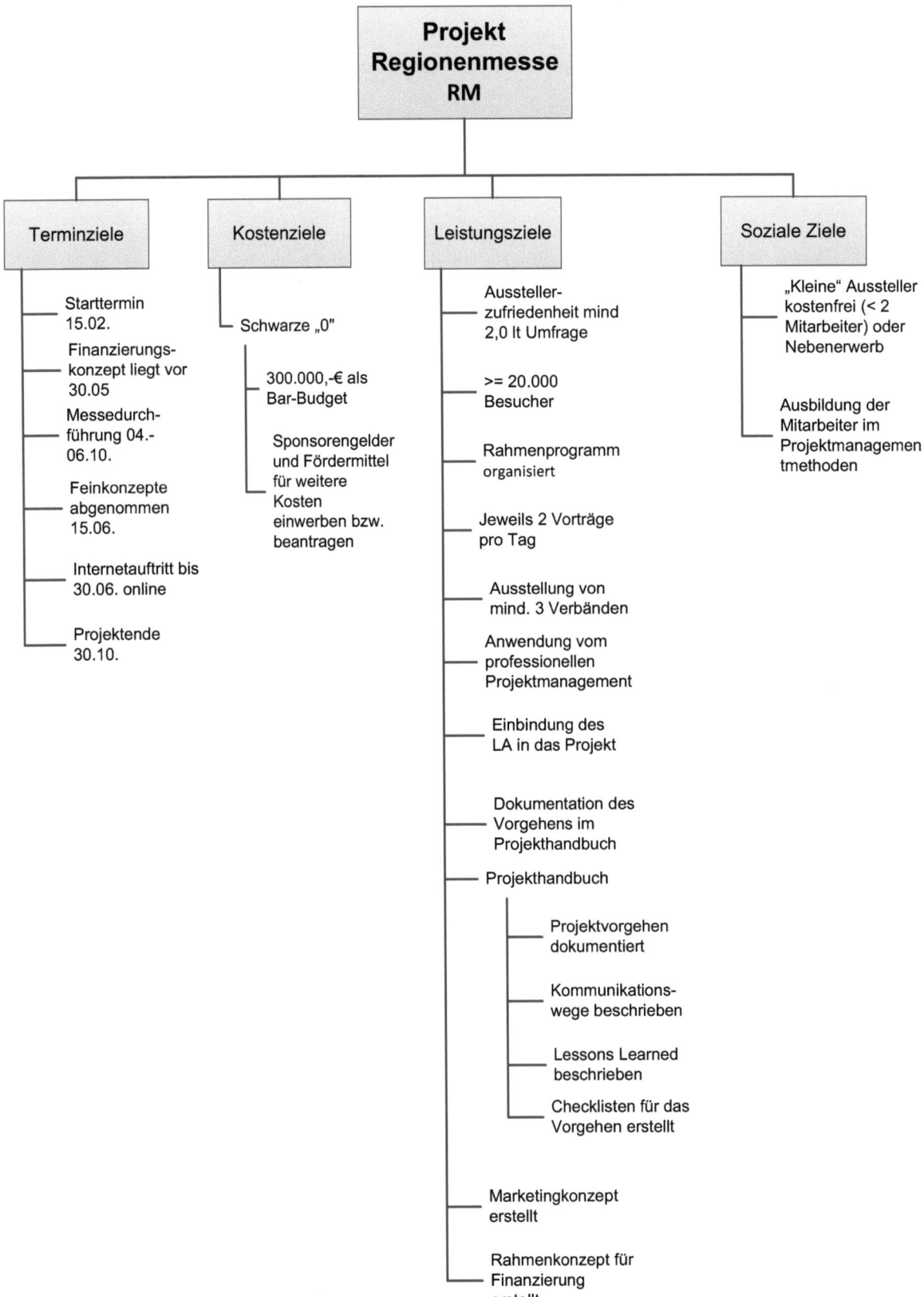

Ziele nach Termin-, Kosten- und Leistungszielen gegliedert, ggf. Nicht-Ziele zusätzlich aufnehmen.

C- Ziele

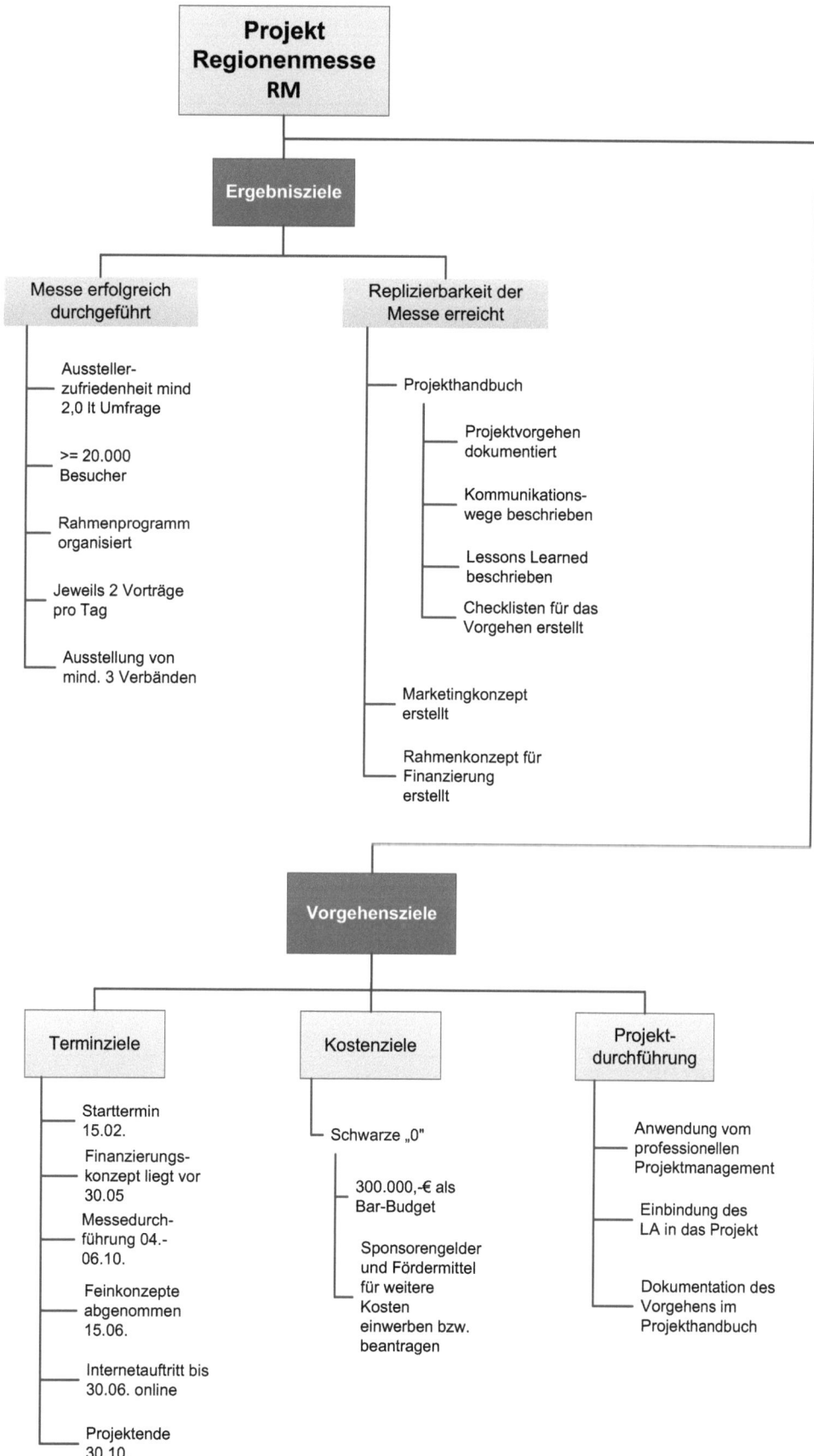

Ziele nach Ergebniszielen und Vorgehenszielen gegliedert

C- Ziele

#	Ziele	Operationalisierung	Prio
	Ergebnisziele		
	Messe erfolgreich durchgeführt		
Z1	Ausstellerzufriedenheit lt. Umfrage	Gesamt-Note mind. 2,0	K
Z2	Besucheranzahl	>= 20.000	S
	Rahmenprogramm		
Z3	Anzahl Vorträge	2 Vorträge /(Tag	M
Z4	Ausstellung von Verbänden	2 Verbände	M
	Replizierbarkeit der Messe erreicht		
	Projekthandbuch		
Z5	Projektvorgehen dokumentiert	Vorgehen beschrieben	S
Z6	Kommunikationswege beschrieben	Kommunikationswege beschrieben	S
Z7	Lessons Learned beschrieben	Lessons Learned dokumentiert	S
Z8	Checklisten für das Vorgehen erstellt	Checklisten liegen vor	M
Z9	Marketingkonzept erstellt	Konzept liegt abgenommen vor	M
Z10	Rahmenkonzept für Finanzierung erstellt	Finanzkonzept liegt final vor	M
	Vorgehensziele		
	Terminziele		
Z11	Starttermin	Projektbeginn am 15.02.	M
Z12	Finanzierungskonzept	Konzept liegt bis zum 30.05 vor	S
Z13	Messedurchführung	Durchführung der Messe vom 4.10-06.10.	M
Z14	Feinkonzepte abgenommen	Abnahme bis zum 16.06.	S
Z15	Internetauftritt online	Go Live am 30.06.	M
Z16	Projektende	Projekt am 30.10. beendet	S
	Kostenziele		
	Schwarze „0"		
Z17	Bar-Budget	Budget 300.000,-	S
Z18	weitere Kosten	Deckung durch Sponsoren und Fördergelder	S
	Projektdurchführung		
Z19	Anwendung vom professionellen Projektmanagement	Vorgehen gem. GPM	S
Z20	Einbindung des LA in das Projekt	Regelmäßige Termine mit dem LA	M
Z21	Dokumentation des Vorgehens im Projekthandbuch	Projekthandbuch erstellt und abgenommen	K

Priorisierung: S-Soll, K-Kann, M-Muss

Operationalisierte Ziele

C- Ziele

Zielbeziehungsmatrix

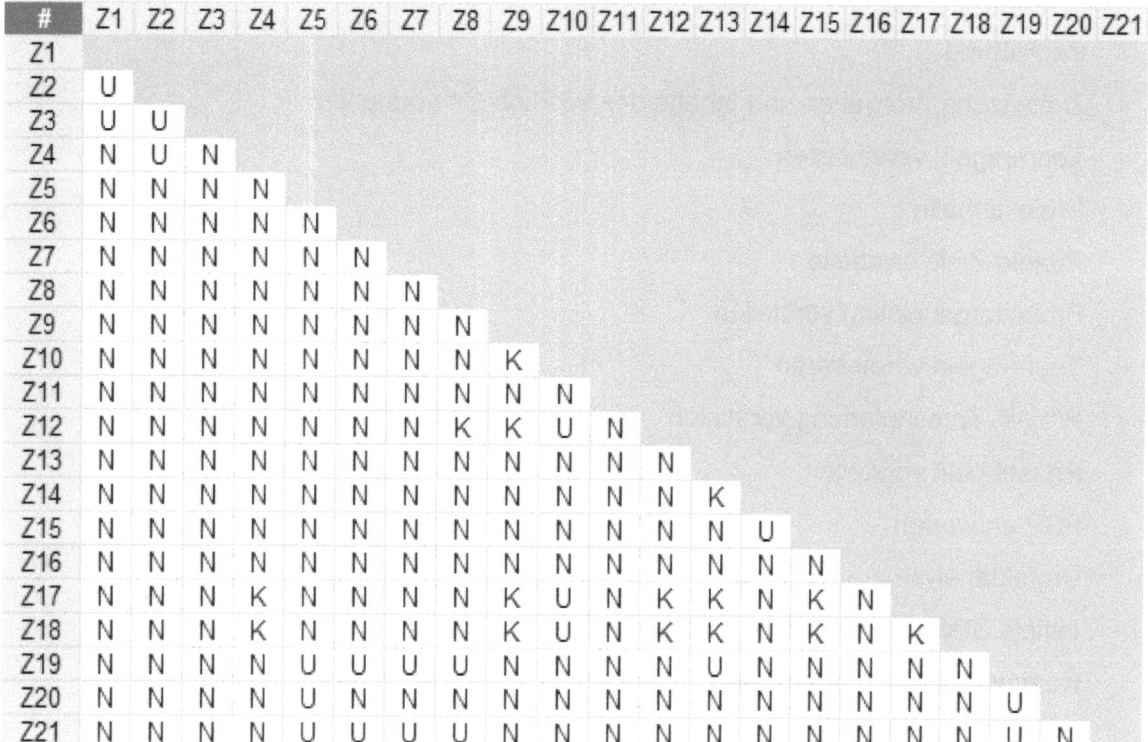

#	Z1	Z2	Z3	Z4	Z5	Z6	Z7	Z8	Z9	Z10	Z11	Z12	Z13	Z14	Z15	Z16	Z17	Z18	Z19	Z20	Z21
Z1																					
Z2	U																				
Z3	U	U																			
Z4	N	U	N																		
Z5	N	N	N	N																	
Z6	N	N	N	N	N																
Z7	N	N	N	N	N	N															
Z8	N	N	N	N	N	N	N														
Z9	N	N	N	N	N	N	N	N													
Z10	N	N	N	N	N	N	N	N	K												
Z11	N	N	N	N	N	N	N	N	N	N											
Z12	N	N	N	N	N	N	N	K	K	U	N										
Z13	N	N	N	N	N	N	N	N	N	N	N	N									
Z14	N	N	N	N	N	N	N	N	N	N	N	N	K								
Z15	N	N	N	N	N	N	N	N	N	N	N	N	N	U							
Z16	N	N	N	N	N	N	N	N	N	N	N	N	N	N	N						
Z17	N	N	N	K	N	N	N	K	U	N	K	K	N	K	N	N					
Z18	N	N	N	K	N	N	N	K	U	N	K	K	N	K	N	K	N				
Z19	N	N	N	N	U	U	U	U	N	N	N	U	N	N	N	N	N	N			
Z20	N	N	N	N	U	N	N	N	N	N	N	N	N	N	N	N	N	N	U		
Z21	N	N	N	N	U	U	U	U	N	N	N	N	N	N	N	N	N	N	N	U	N

K - Konkurierend
A - Antinom
N - Neutral
I - Identisch
U - komplementär

D- Projekt-Start-Workshop

Agenda

- Begrüßung
- Zielsetzung, Vorgehen und Inhalte des Workshops vorstellen
- Teamregeln vereinbaren
- Projektinhalte
- Projekt-Ziele erarbeiten
- Projektorganisation vorstellen
- Teamregeln vereinbaren
- Projekt-Terminplanung vorstellen
- Phasenplan vorstellen
- PSP entwerfen
- Umfeldanalyse
- Initiale Stakeholderanalyse, Risikoanalyse
- Kommunikation vereinbaren
- Weiteres Vorgehen vereinbaren
- Arbeitsaufträge verteilen
- Resümee und Feedback zum Workshop

Checkliste

- ☐ Raumbuchung
- ☐ Einladungen verschicken
- ☐ Material bestellen

- ☐ Agenda erstellen und versenden
- ☐ Vorstellungsrunde
- ☐ Gruppenregeln
- ☐ Weiteres Vorgehen / Termine

- ☐ Protokoll erstellen und versenden

E- Projektumfeld und Stakeholder

	Sachliche Faktoren	Sozial Faktoren
Indirekte Faktoren	• Förderung von Regionalmessen • Konkurrenzveranstaltungen • Übersättigung der Besucher mit Konsumermessen	• Mitglieder der ARGE • Aussteller • Presse • Verbände • Messebesucher
Direkte Faktoren	• Förderungen der öffentlichen Hand • Finanzierung durch die ARGE (300.000,-€) • Erwartungshaltung der ARGE zur Anzahl der Aussteller • Sponsorensuche	• Geschäftsführer Müsig • Mitarbeiter FitForTrade GmbH • Messe München • Firma SWM • Werbeagentur • Lenkungsausschuss

E- Projektumfeld und Stakeholder

Nr.	Stakeholder	Einstellung/Interessen Bekannt (b) Vermutet (v)	Erwartungen (E) / Befürchtungen (B)
S1	ARGE Region München aktiv	Auftraggeber der Messe	Gute Presse für die ARGE (E)
S2	Mitglieder der ARGE	Reputation erhöhen (v) ARGE Auftrag erfüllen (b)	Bekanntheit erhöhen (E)
S3	Aussteller	Bekanntheit erhöhen (b)	Bekanntheit erhöhen (b) Umsatz bleibt hinter den Erwartungen zurück (B)
S4	Presse	Interessantes Thema in die Medien bringen	Interessantes Berichterstattung (E)
S5	Verbände	Selbstdarstellung und Werbung für die eigene Sache (b)	Neue Mitglieder werben (E)
S6	Messebesucher	Informationen sammeln (b)	Uninteressante Ausstellung (B)
S7	Geschäftsführer Hr. Müsig	Auslastung seines Bereichs (b)	Langfristig weitere Kunden gewinnen (E) Eigene Position festigen (E)
S8	Mitarbeiter FitForTrade GmbH	Know How Aufbau	Know-How Aufbau (E) Mehrarbeit/Belastungen durch das Projekt (B)
S9	Messe München	Erfolgreiche Messeabwicklung (b)	Zukünftige Messen abwickeln (E)
S10	Firma SWM	Betrieb des Internetauftritts (b) Kunden werben (v)	Langfristige Umsätze im Segment (E)
S11	Werbeagentur	Gute Werbestrategie entwickeln (b)	Zukünftige Aufträge (v) Negative Reputation, wenn die Werbung nicht erfolgreich ist (B)
S12	Lenkungsausschuss	Erfolgreiche Projektabwicklung (b)	Mehrarbeit durch zusätzliche Aufgaben (B) Informationen durch den PL (E)

E- Projektumfeld und Stakeholder

Nr	Stakeholder	Betroffen-heit	Einfluss / Macht	Eistellung zum Projekt	Maßnahmen	Einschätzung
S1	ARGE Region München aktiv	Mittel	Hoch	+3		
S2	Mitglieder der ARGE	Mittel	Mittel	-1		
S3	Aussteller	Hoch	Mittel	+3		
S4	Presse	Niedrig	Niedrig	+1		
S5	Verbände	Mittel	Niedrig	+1		
S6	Messebesucher	Niedrig	Niedrig	+1		
S7	Bereichsleiter Müsig	Hoch	Mittel	+2		
S8	Mitarbeiter FitForTrade GmbH	Hoch	Niedrig	-2		
S9	Messe München	Niedrig	Niedrig	+2		
S10	Firma SWM	Mittel	Niedrig	+2		
S11	Werbeagentur	Mittel	Niedrig	-1		
S12	Lenkungsausschuss	Mittel	Hoch	+1		

Stakeholdertabelle Variante A

Nr	Stakeholder	Konflikt-potential	Einfluss / Macht	Eistellung zum Projekt	Maßnahmen	Einschätzung
S1	ARGE Region München aktiv	Nicdrig	Hoch	positiv		
S2	Mitglieder der ARGE	Niedrig	Niedrig	negativ		
S3	Aussteller	Hoch	Niedrig	negativ		
S4	Presse	Niedrig	Niedrig	positiv		
S5	Verbände	Niedrig	Niedrig	positiv		
S6	Messebesucher	Niedrig	Niedrig	positiv		
S7	Bereichsleiter Müsig	Hoch	Hoch	positiv		
S8	Mitarbeiter FitForTrade GmbH	Hoch	Niedrig	negativ		
S9	Messe München	Niedrig	Niedrig	positiv		
S10	Firma SWM	Niedrig	Niedrig	positiv		
S11	Werbeagentur	Niedrig	Niedrig	negativ		
S12	Lenkungsausschuss	Niedrig	Hoch	positiv		

Stakeholdertabelle Variante B

E- Projektumfeld und Stakeholder

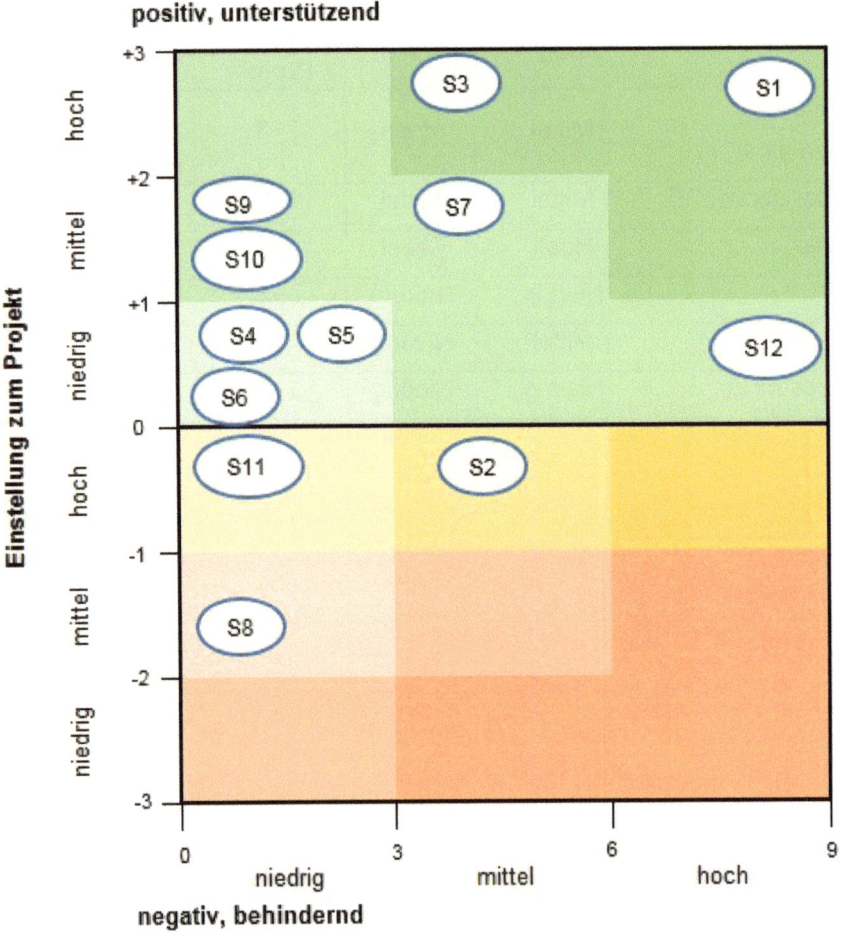

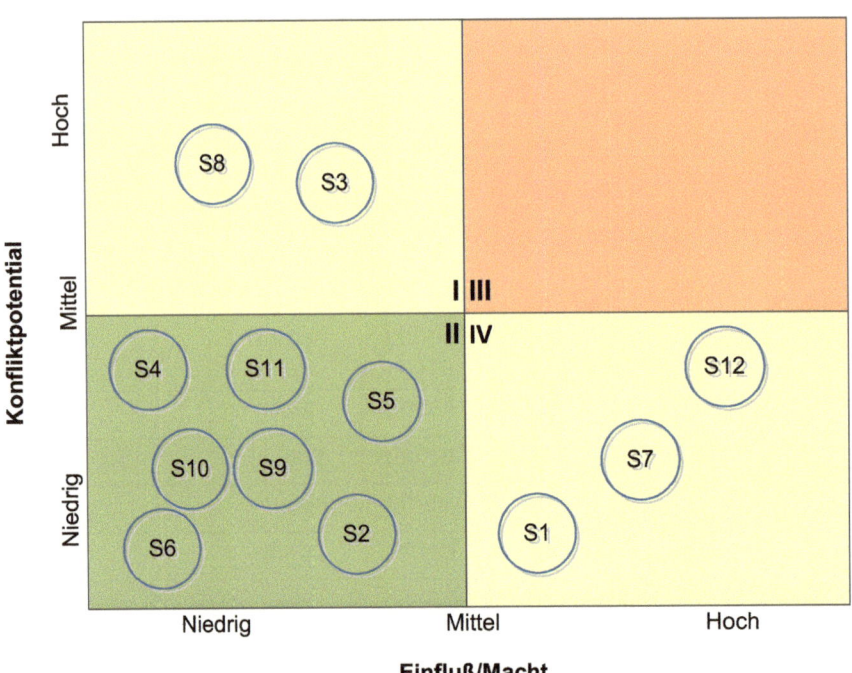

E- Projektumfeld und Stakeholder

Matrix-Feld	Maßnahmen Einstellung zum Projekt..	
	positiv	negativ
1	Keine Maßnahmen	Beobachten
2	Auf den Verteiler für den Projektnewsletter aufnehmen	Auf den Verteiler für den Projektnewsletter aufnehmen
3	Wie 2, zusätzlich generellen Statusbericht	Persönlich Ansprache planen
4	Wie 3	Persönlich Ansprache planen
5	Regelmäßige Information über den Projektfortschritt (Status)	Einzelmaßnahmen definieren
6	Regelmäßige Information über den Projektfortschritt (Status)	Einzelmaßnahmen definieren
7	Einzelmaßnahmen definieren	Einzelmaßnahmen definieren
8	Einzelmaßnahmen definieren	Einzelmaßnahmen definieren
9	Regelmäßige Information über den Projektfortschritt (persönlich/PL) Einzelmaßnahmen definieren	Einzelmaßnahmen definieren Ggf Risiko in die Risikotabelle aufnehmen

Matrix-Strategien Variante A

Matrix-Feld	Maßnahmen Einstellung zum Projekt..	
	positiv	negativ
I	Auf den Verteiler für den Projektnewsletter aufnehmen Einzelmaßnahmen definieren	Beobachten
II	Keine Maßnahmen	Beobachten
III	Regelmäßige Information über den Projektfortschritt (persönlich/PL) Einzelmaßnahmen definieren	Persönlich Ansprache planen Einzelmaßnahmen definieren
IV	Persönlich Ansprache planen	Persönlich Ansprache planen Auf den Verteiler für den Projektnewsletter aufnehmen

Quadranten-Strategien Variante B

F- Chancen- und Risikoanalyse

1. Schritt Risikotabelle

Nr	Risikoart	Risiko Beschreibung	Auswirkung beim Eintritt	Eintritts-wahr-scheinlichkeit in %	Scha-dens-höhe [€]	Risikowert [€]
R1	Ressourcen	Fehlender Mitarbeiter	Terminverzögerungen	35	15000	5.250
R2	Kaufmännisch	Zu geringe Fördermittel und Sponsorengelder	Kosten können nicht über Sponsorengelder und Fördermittel gedeckt werden	15	100.000	15.000
R3	Kaufmännisch	Zu wenig Besucher	Besucheraufkommen decken nicht die Messekosten	25	25.000	6.250
R4	Kaufmännisch	Zu wenig Aussteller	Ausstelleraufkommen decken nicht die Hallenkosten	15	40.000	6.000
R5	Technisch	Hallentechnik nicht ausreichend	Zu wenige Aussteller	40	2.000	800
R6	Juristisch	Werkverträge werden nicht eingehalten	Abnahme verzögert sich und juristische Auseinandersetzung	15	30.000	4.500

F- Chancen- und Risikoanalyse

2. Schritt Risiko Portfolio

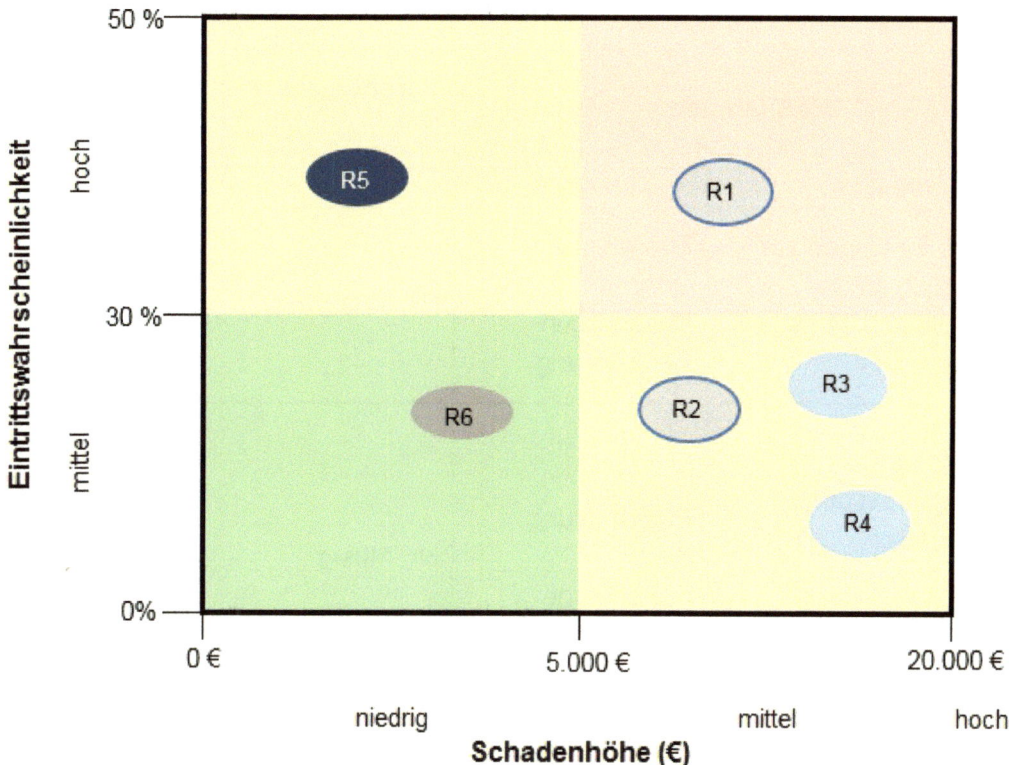

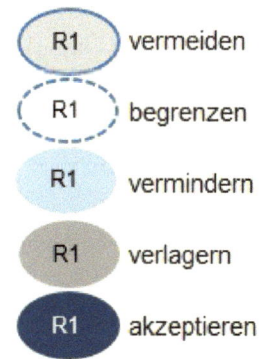 vermeiden

begrenzen

vermindern

verlagern

akzeptieren

F- Chancen- und Risikoanalyse

3. Schritt Maßnahmen zur Risikobegegnung

Nr	Maßnahmen		Verantwortlicher	Kosten [€] (k = korrektiv) (p = präventiv)
	präventiv	korrektiv		
R1	Frühes Einbinden von vertraglich an uns gebundene externe Ressourcen	Zusätzliche externe Ressourcen-Anforderung	Hr. Müsig	Tagessatz 750,- (p) Tagessatz 1300,- (k)
R2	Akquise von Fördermitteln durch Bankberater Sponsorenveranstaltung der IHK	Finanzierung durch FitForTrade	Hr. Müsig	3.000,- (p1) Ca. 50.000,- 750,- Einsatz von Hr. Müsig und PL auf der Veranstaltung (p)
R3	Intensive Werbung	Gedeckelte Kosten ggü. Messe München 5000,-€- tragen	FitForTrade	5.000,- (k) 0,- (p) da bereits eingeplant
R4	Intensive Werbung	Gedeckelte Kosten ggü. Messe München 5000,-€ - tragen	FitForTrade	5.000,- (k) 0,- (p) da bereits eingeplant
R5	Keine akzeptieren	Keine akzeptieren	FitForTrade	
R6	Frühzeitig mit externen Firmen in Kontakt treten und Kontrakte schließen	Pönale vereinbaren	Hr. Müsig	0,- (p/k)

G- Aufbauorganisation / Kommunikation

Mit dem Auftraggeber wurde die verschiedenen Organisationsformen diskutiert. Letztendlich haben sie sich mit dem Auftraggeber auf eine Einfluß-Projektorganisation geeinigt.

Die Matrixorganisation kommt auf Grund der fehlenden Strukturen (keine Unterstützung eines Ressourcenmanagements) ihrer Firma nicht in Frage.

Die reine Projektorganisation kann nicht abgebildet werden, da die Personaldecke der FitForTrade GmbH dies nicht zulässt.

Zur Einbindung des Kunden in das Projekt wurde ein Lenkungsausschuss vereinbart, in dem die ARGE „Region München Aktiv" und der Geschäftsführer Herr Müsig als Auftraggeber, sowie der Projektleiter vertreten sind.

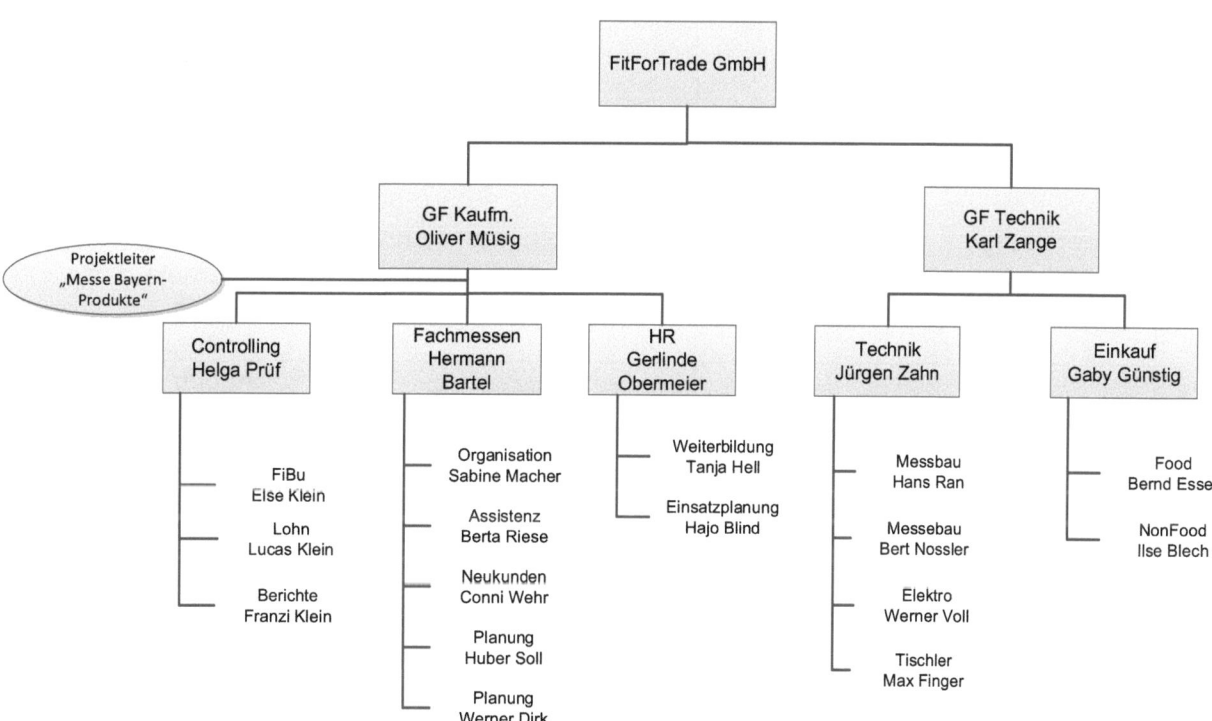

H- Phasenplanung

Phasenname	Geplante Dauer	Phaseninhalte	Phasenergebnisse
Analyse	1 Monate	Anforderungen analysieren Finanzierungsmöglichkeiten prüfen Liste der externen Firmen aktualisieren	• Auftragssituation geklärt • Anforderungen abgestimmt • Liste externe Firmen liegt vor
Konzeption	2 Monate	Erstellung Grob- und Feinkonzept	• Konzepte liegen vor: Marketing • Internetauftritt • Finanzierung • Feinkonzept für die Orga der Messe • Ausstellerbefragung durchgeführt
Vorbereitung	4 Monate	Konzepte aus der Vorphase abarbeiten (Finanzierung, Aussteller, Marketing)	• Finanzierung sichergestellt • Marketing umgesetzt • Internetauftritt erstellt • Aufbau erfolgt
Messedurchführung	1 Woche	Messedurchführung begleiten	• Abbau • Betreuung der Aussteller
Auswertung und Projektabschluss	1 Monat	Projektnacharbeiten durchführen	• Projekthandbuch erstellt • Abschlussbericht erstellt • Nachkalkulation durchgeführt • Ausstellerbefragung abgeschlossen

MS-Nr	Bezeichnung	Datum (geplant)
MS 1	Projektstart	30.3.2017
MS 2	Grobkonzepte abgenommen	
MS 3	Feinkonzepte abgenommen	
MS 4	Finanzierung-Konzept liegt abgestimmt vor	
MS 5	Messe Vorbereitungen abgeschlossen	
MS 6	Messe durchgeführt	
MS 7	Projekt abgeschlossen	

I- Projektstrukturplan und Arbeitspakete

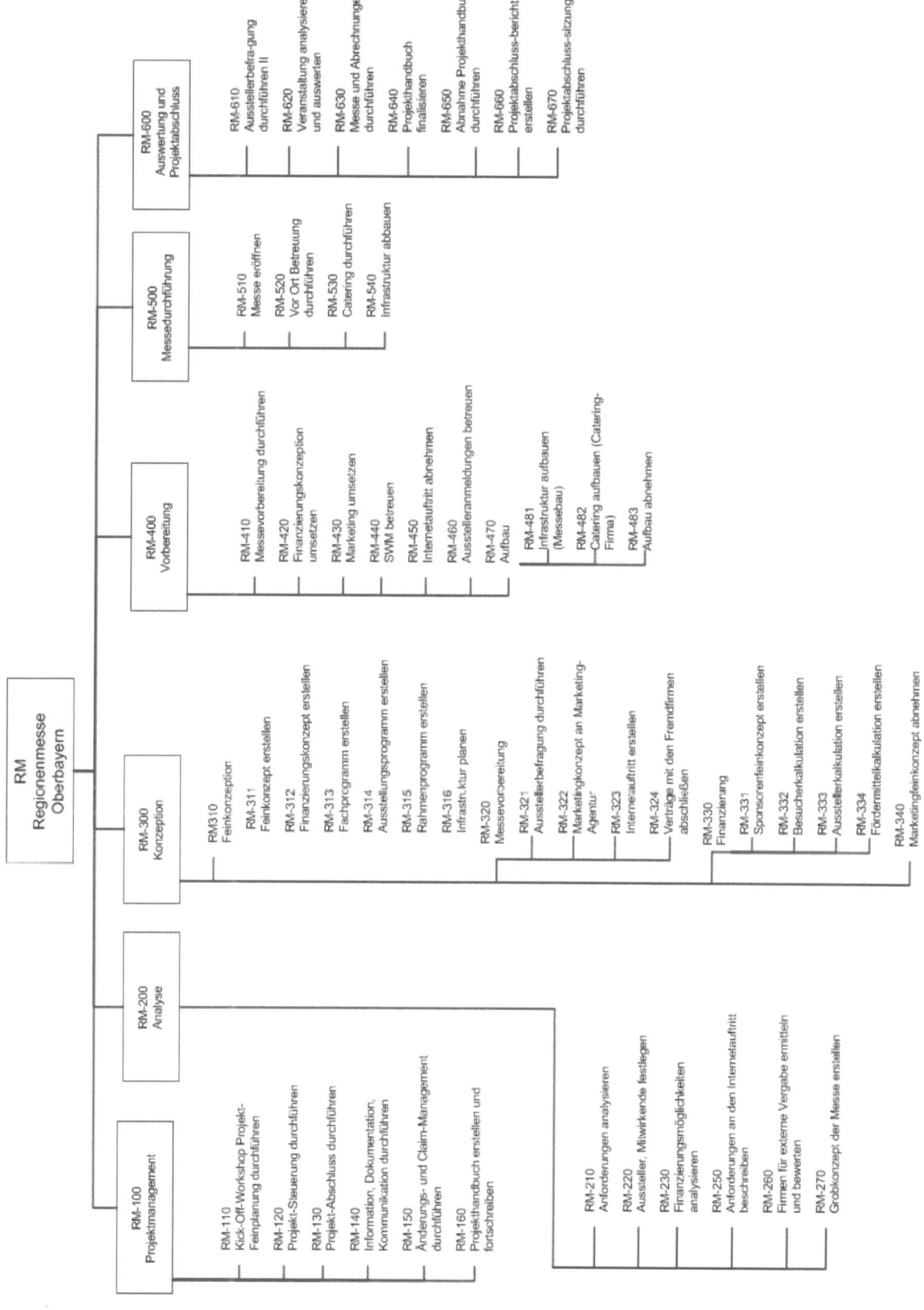

I- Projektstrukturplan und Arbeitspakete

Arbeitspaket-Formular			
Arbeitspakettitel:	Finanzierungskonzept erstellen		
Ersteller	Frank Merle	**Auftraggeber**	GF
Erstelldatum	25.02.	**PSP-Code**	RM-312
Projekt	Regionenmesse Oberbayern	**Projekt-Nr.**	P1000
Phase	Design	**Version**	V1.0
Ziele	Finanzierungskonzept erstellt und abgestimmt mit GF		
Aktivitäten / Termine	- Darstellen der Alternativen - Bewertung der möglichen Sponsoren - Finanzbedarf darstellen - Gegenfinanzierung planen		
Ergebnis / Ergebnis-erwartung	- Finanzierung des Projekts ist gesichert		
Voraussetzungen	- Keine		
Verantwortlich	- Stefan Gosel		
Anfangstermin	01.03.	**Dauer**	10 Arbeitstage
Endtermin	15.03.	**Aufwand**	10 Personentage
Kosten	- 8000 €		
Wesentliche Schnittstellen und Risiken	- Mitarbeiter - Kooperationspartner - Kunden - Sponsoren - Fehlende Akzeptanz		
Fortschrittsgrad-messung	- 0-100 Methode		

J- Ablauf und Termine

Verkürzte Vorgangsliste

PSP	Vorgang	Dauer Tage	Vorgänger	AOB
RM	**Projekt Regionenmesse**			
M 1	M 1: Projektstart	0		
RM-100	Projektmanagement	240	M 1	
RM-200	**Analyse**	**20**		
RM-210	Anforderungen analysieren	20	M 1	
RM-220	Aussteller, Mitwirkende festlegen	15	RM-210	
RM-230	Finanzierungsmöglichkeiten analysieren	20	RM-210	
RM-250	Anforderungen an den Internetauftritt beschreiben	10	RM-210	AF+5
RM-260	Firmen für externe Vergabe ermitteln und bewerten	10	RM-220	
RM-270	Grobkonzept der Messe erstellen	20	RM-230	
M 2	M 2: Grobkonzepte abgenommen	0	RM-270	
RM-300	**Konzeption**			
RM310	Feinkonzeption	30	RM-270	EF-10
M 3	Feinkonzept abgenommen	0	RM310	EF+5
RM-320	Messevorbereitung			
RM-321	Ausstellerbefragung durchführen	5	M 3	
RM-322	Marketing an Marketing-Agentur vergeben	10	M 3	
RM-323	Internetauftritt beauftragen	10	M 3	
RM-324	Verträge mit den Fremdfirmen abschließen	2	M 3	
RM-330	Finanzierung			
RM-331	Sponsorenfeinkonzept erstellen	20	RM-322	
RM-332	Besucherkalkulation erstellen	20	RM-322	
RM-333	Ausstellerkalkulation erstellen	20	RM-332	AF
RM-334	Fördermittelkalkulation erstellen	10	RM-332	AF
RM-340	Marketingfeinkonzept abnehmen	10	RM-322	
M 4	M 4: Finanzierung-Konzept liegt abgestimmt vor	0	RM-330	
RM-400	**Vorbereitung**			
RM-410	Messevorbereitung durchführen	87	M 4	
RM-420	Finanzierungskonzeption umsetzen	30	M 4	
RM-430	Marketing umsetzen (Unterstützung der Agentur)	10	RM-340 M 4	
RM-440	SWM betreuen	90	RM-323	
RM-450	Internetauftritt abnehmen	5	RM-440	
RM-460	Ausstelleranmeldungen betreuen	100	RM-321	
RM-470	Aufbau	5	RM-460	
M 5	M 5: Messe Vorbereitungen abgeschlossen	0	RM-410	
RM-500	**Messedurchführung**			
RM-510	Messe eröffnen	0,5	M 5	
RM-520	Vor Ort Betreuung durchführen	3	RM 510	
RM-530	Catering durchführen	3	RM 510	
RM-540	Infrastruktur abbauen	2	RM 520	
M 6	M 6: Messe durchgeführt	0	RM- 510	AF+3
RM-600	**Auswertung und Projektabschluss**	**30**	**M -6**	
M 7	M 7: Projekt abgeschlossen	0	RM-600	EE

J- Ablauf und Termine

Vernetzter Balkenplan

PSP-Code	Vorgangsname	Dauer	PSP-Code von Vorgängern	Anfang	Ende
RM	**Projekt Regionenmesse**	**240 Tage**		**Mit 15.02.17**	**Die 16.01.18**
M 1	M 1: Projektstart	0 Tage		Mit 15.02.17	Mit 15.02.17
RM-100	**Projektmanagement**	**240 Tage**	M 1	**Mit 15.02.17**	**Die 16.01.18**
RM-200	**Analyse**	**60 Tage**		**Mit 15.02.17**	**Die 09.05.17**
RM-210	Anforderungen analysie	20 Tage	M 1	Mit 15.02.17	Die 14.03.17
RM-220	Aussteller, Mitwirkende	15 Tage	RM-210	Mit 15.03.17	Die 04.04.17
RM-230	Finanzierungsmöglichk	20 Tage	RM-210	Mit 15.03.17	Die 11.04.17
RM-250	Anforderungen an den Internetauftritt beschreiben	10 Tage	RM-220 [AA+5 Tage]	Mit 22.03.17	Die 04.04.17
RM-260	Firmen für externe Vergabe ermitteln und bewerten	10 Tage	RM-220	Mit 05.04.17	Die 18.04.17
RM-270	Grobkonzept der Messe	20 Tage	RM-230	Mit 12.04.17	Die 09.05.17
M 2	M 2: Grobkonzepte abg	0 Tage	RM-270	Die 09.05.17	Die 09.05.17
RM-300	**Konzeption**	**35 Tage**		**Mit 15.03.17**	**Die 02.05.17**
RM-310	Feinkonzeption	30 Tage	RM-270 [EE-10 T	Mit 15.03.17	Die 25.04.17
M 3	Feinkonzept abgenomm	0 Tage	RM310 [EE+5 Tag	Die 02.05.17	Die 02.05.17
RM-320	**Messevorbereitung**	**10 Tage**		**Mit 03.05.17**	**Die 16.05.17**
RM-321	Ausstellerbefragung du	5 Tage	M 3	Mit 03.05.17	Die 09.05.17
RM-322	Marketing an Marketing-Agentur vergeben	10 Tage	M 3	Mit 03.05.17	Die 16.05.17
RM-323	Internetauftritt beauftra	10 Tage	M 3	Mit 03.05.17	Die 16.05.17
RM-324	Verträge mit den Fremdfirmen abschließen	2 Tage	M 3	Mit 03.05.17	Don 04.05.17
RM-330	**Finanzierung**	**30 Tage**		**Mit 03.05.17**	**Die 13.06.17**
RM-331	Sponsorenfeinkonzept	20 Tage	RM-322	Mit 17.05.17	Die 13.06.17
RM-332	Besucherkalkulation er	20 Tage	RM-322	Mit 17.05.17	Die 13.06.17
RM-333	Ausstellerkalkulation er	20 Tage	RM-323 [AA]	Mit 03.05.17	Die 30.05.17
RM-334	Fördermittelkalkulation	10 Tage	RM-323 [AA]	Mit 03.05.17	Die 16.05.17
RM-340	Marketingfeinkonzept a	10 Tage	RM-323	Mit 17.05.17	Die 30.05.17
M 4	M 4: Finanzierung-Konzepte liegt abgestimmt vor	0 Tage	RM-340	Die 30.05.17	Die 30.05.17
RM-400	**Vorbereitung**	**105 Tage**		**Mit 10.05.17**	**Die 03.10.17**
RM-410	Messevorbereitung dun	87 Tage	M 4	Mit 31.05.17	Don 28.09.17
RM-420	Finanzierungskonzeptic	30 Tage	M 4	Mit 31.05.17	Die 11.07.17
RM-430	Marketing umsetzen (Unterstützung der Agentur)	10 Tage	M 4 ;RM-340	Mit 31.05.17	Die 13.06.17
RM-440	SWM betreuen	90 Tage	RM-323	Mit 17.05.17	Die 19.09.17
RM-440	Internetauftritt abnehm	5 Tage	RM-440	Mit 20.09.17	Die 26.09.17
RM-460	Ausstelleranmeldungen	100 Tage	RM-321	Mit 10.05.17	Die 26.09.17
RM-470	Aufbau	5 Tage	RM-460	Mit 27.09.17	Die 03.10.17
M 5	M 5: Messe Vorbereitungen abgeschlossen	0 Tage	RM-410	Don 28.09.17	Don 28.09.17
RM-500	**Messedurchführung**	**5,5 Tage**		**Fre 29.09.17**	**Fre 06.10.17**
RM-510	Messe eröffnen	0,5 Tage	M 5	Fre 29.09.17	Fre 29.09.17
RM-520	Vor Ort Betreuung durc	3 Tage	RM-510	Fre 29.09.17	Mit 04.10.17
RM-530	Catering durchführen	3 Tage	RM-510	Fre 29.09.17	Mit 04.10.17
RM-540	Infrastruktur abbauen	2 Tage	RM-520	Mit 04.10.17	Fre 06.10.17
M 6	M 6: Messe durchgefür	0 Tage	RM-510 [AA+3 Ta	Die 03.10.17	Die 03.10.17
RM-600	**Auswertung und Projekt**	**30 Tage**	M 6	**Mit 04.10.17**	**Die 14.11.17**
M 7	Projekt abgeschlossen	0 Tage	RM-600	Die 14.11.17	Die 14.11.17

K- Ressourcen

Individuelle Lösung

L- Kostenermittlung

Vorgang	PSP-Code	€	Feb	Mär	Apr	Mai	Jun	Jul	Aug	Sep	Okt	Nov
Regionenmesse	RM		1	2	3	4	5	6	7	8	9	
Projektmanagement	RM-100	72,0	4,0	8,0	8,0	8,0	8,0	8,0	8,0	8,0	8,0	4,0
Analyse	RM-200	26,4	8,8	8,8	8,8							
Konzeption	RM-300											
Feinkonzeption	RM-310	54,4			5,0	28,0	20,0	1,4				
Messevorbereitung	RM-320											
Ausstellerbefragung	RM-321	1,0					1,0					
Marketingkonzept an Marketing-Agentur	RM-322	72,0								72,0		
Internetauftritt erstellen	RM-323	153							153			
Verträge	RM-324	1,6					1,6					
Finanzierung	RM-330	10,4		4,4	3,0	3,0						
Marketingfeinkonzept abnehmen	RM-340	1,6				1,6						
Vorbereitung	RM-400											
Messevorbereitung durchführen	RM-410	16,0						2,0	4,0	10,0		
Finanzierungs-konzeption umsetzen	RM-420	4,0						2,0	1,0	1,0		
Marketing umsetzen	RM-430	79,5					2,5	1,0	1,0	75,0		
SWM betreuen	RM-440	8,0				2,0	2,0	1,0	1,0	2,0		
Internetauftritt abnehmen	RM-450	4,0								4,0		
Ausstelleranmeldungen betreuen	RM-460	4,0					1,0	1,0	1,0	1,0		
Aufbau	RM-470											
Infrastruktur aufbauen (Messebau)	RM-471	4,0								1,0	3,0	
Catering aufbauen (Catering-Firma)	RM-472	1,0									1,0	
Aufbau abnehmen	RM-473	0,8									0,8	
Messedurchführung	RM-500											
Messe eröffnen	RM-510	1,6									1,6	
Vor Ort Betreuung durchführen	RM-520	4,8									4,8	
Catering durchführen	RM-530	13,2									3,2	10,0
Infrastruktur abbauen	RM-540	3,2									3,2	
Auswertung und Projektabschluss	RM-600	20,0									8,0	12,0
Kostenanfall	gleich-verteilt		10,0	21,2	24,8	42,6	36,1	16,4	169	174	33,6	26,0
	anfangs-verteilt											
	end-verteilt		2,8									
	Summe	.	12,8	21,2	24,8	42,6	36,1	16,4	169	174	33,6	26,0
Lfd. Summe			12,8	34	59	101	138	154	323	497	531	557

L - Kostenermittlung

Grafische Kostenganglinie

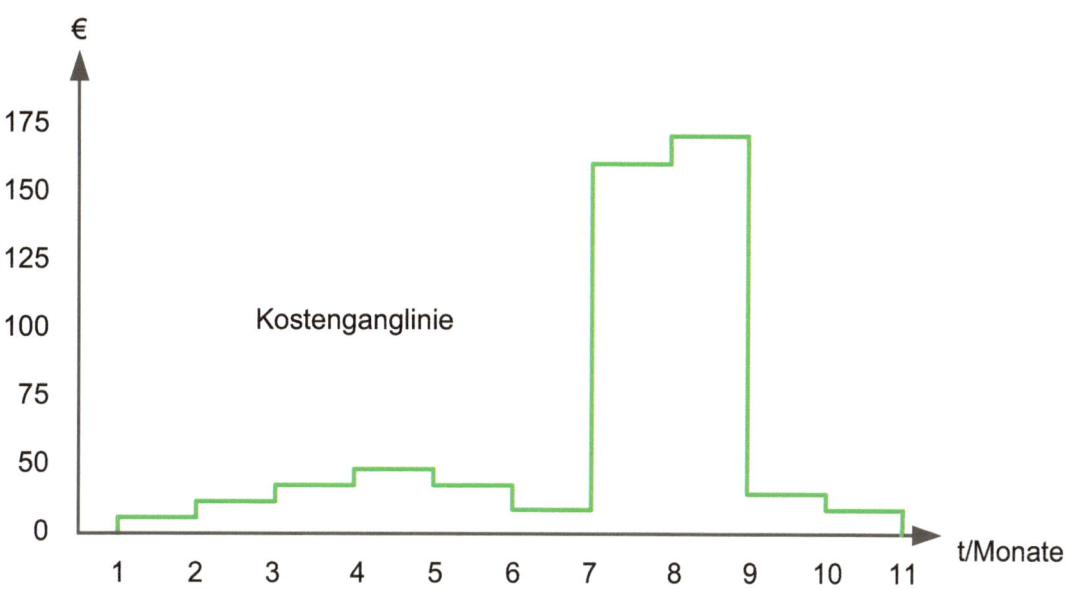

Grafische Kostensummenlinie

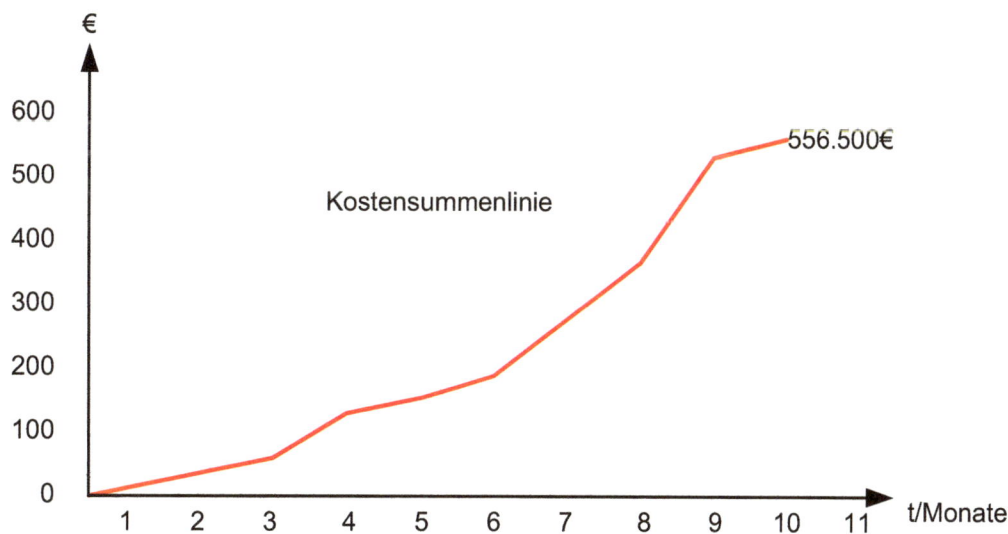

M- Fortschrittsgrad-Messtechnik

Sinnvoll begründete Messmethode je Arbeitspaket:

- 0-100
- 50-50
- Micro Meilensteine
- Mengenproportional
- Zeitproportional
- Schätzung

PSP-Code	Vorgang	Fortschritts-messung
RM-100	Projektmanagement	Zeitproportional
RM-200	Analyse	
RM-210	Anforderungen analysieren	Schätzung
RM-220	Aussteller, Mitwirkende festlegen	Schätzung
RM-230	Finanzierungsmöglichkeiten analysieren	Schätzung
RM-250	Anforderungen an den Internetauftritt beschreiben	Schätzung
RM-260	Firmen für externe Vergabe ermitteln und bewerten	Schätzung
RM-270	Grobkonzept der Messe erstellen	Schätzung
RM-300	Konzeption	
RM310	Feinkonzeption	
RM-311	Feinkonzept erstellen	Schätzung
RM-312	Finanzierungskonzept erstellen	Schätzung
RM-313	Fachprogramm erstellen	Schätzung
RM-314	Ausstellungsprogramm erstellen	Schätzung
RM-315	Rahmenprogramm erstellen	Schätzung
RM-316	Infrastruktur planen	Schätzung
RM-320	Messevorbereitung	
RM-321	Ausstellerbefragung durchführen	0-100
RM-322	Marketingkonzept an Marketing-Agentur	Micro Meilensteine
RM-323	Internetauftritt erstellen	Micro Meilensteine
RM-324	Verträge mit den Fremdfirmen abschließen	0-100
RM-330	Finanzierung	
RM-331	Sponsorenfeinkonzept erstellen	Schätzung
RM-332	Besucherkalkulation erstellen	Schätzung
RM-333	Ausstellerkalkulation erstellen	Schätzung
RM-334	Fördermittelkalkulation erstellen	50-50
RM-340	Marketing Feinkonzept abnehmen	50-50
RM-341	Internetauftritt abnehmen	50-50

PSP-Code	Vorgang	Fortschritts-messung
RM-400	Vorbereitung	
RM-410	Messevorbereitung durchführen	50-50
RM-420	Finanzierungskonzeption umsetzen	50-50
RM-430	Marketing umsetzen	50-50
RM-440	SWM betreuen	Micro Meilensteine
RM-450	Ausstelleranmeldungen betreuen	50-50
RM-460	Aufbau	50-50
RM-461	Infrastruktur aufbauen (Messebau)	50-50
RM-462	Catering aufbauen (Catering-Firma)	0-100
RM-463	Aufbau abnehmen	0-100
RM-500	Messedurchführung	
RM-510	Messe eröffnen	0-100
RM-520	Vor Ort Betreuung durchführen	50-50
RM-530	Catering durchführen	0-100
RM-540	Infrastruktur abbauen	0-100
RM-600	Auswertung und Projektabschluss	
RM-610	Ausstellerbefragung durchführen II	0-100
RM-620	Veranstaltung analysieren und auswerten	0-100
RM-630	Messe und Abrechnungen durchführen	50-50
RM-640	Projekthandbuch finalisieren	0-100
RM-650	Abnahme Projekthandbuch durchführen	0-100
RM-660	Projektabschlussbericht erstellen	0-100
RM-670	Projektabschlusssitzung durchführen	0-100

N- Earned Value Analyse

Stichtag 30.Juni

PSP-Code	Plankosten Gesamt	Plankosten zum Stichtag	Aktuelle Ist Kosten	FGR	FW (Akt)
RM					
RM-100	72.000	36.000	36.000	50,0	36.000
RM-200	26.400	**26.400**	26.400	100,0	26.400
RM-300					
RM-310	54.400	53.000	55.000	90,0	48.960
RM-320					
RM-321	1.000	1.000	1.000	100,0	1.000
RM-322	72.000				
RM-323	153.000				
RM-324	1.600	1.600	1.600	100,0	1.600
RM-330	10.400	10.400	10.400	100,0	10.400
RM-340	1.600	1.600	1.700	100,0	1.600
RM-400					
RM-410	16.000				
RM-420	4.000				
RM-430	79.500	2.500	3.000	35,0	27.825
RM-440	8.000	4.000	5.000	80,0	6.400
RM-450	4.000				
RM-460	4.000	1.000	2.500	30,0	1.200
RM-470					
RM-471	4.000				
RM-472	1.000				
RM-473	800				
RM-500					
RM-510	1.600				
RM-520	4.800				
RM-530	13.200				
RM-540	3.200				
RM-600	20.000				

Summe	556.500	141.500	142.600		161.385
Prognose Gesamtkosten					
Additiv					579.285
Linear					634.336
Effizienzfaktor in % (EF)					113,2
Zeitfaktor in % (ZK)					114,1
Kostenplan-Kennzahl in % (KK)					100,8

N- Earned Value Analyse

Stichtag 30.Juli

PSP-Code	Plankosten Gesamt	Plankosten zum Stichtag	Aktuelle Ist Kosten	FGR	FW (Akt)
RM					
RM-100	72.000	44.000	52.000	61,1	44.000
RM-200	26.400	26.400	26.400	100,0	26.400
RM-300					
RM-310	54.400	54.440	56.000	90,0	48.960
RM-320					
RM-321	1.000	1.000	2.000	100,0	1.000
RM-322	72.000				
RM-323	153.000				
RM-324	1.600	1.600	1.600	100,0	1.600
RM-330	10.400	10400	10.400	100,0	10.400
RM-340	1.600	1600	1.700	100,0	1.600
RM-400					
RM-410	16.000	2.000	2.000	10,0	1.600
RM-420	4.000	2.000	1.500	50,0	2.000
RM-430	79.500	3.500	3.000	35,0	27.825
RM-440	8.000	5.000	5.000	80,0	6.400
RM-450	4.000				
RM-460	4.000	2.000	2.500	80,0	3.200
RM-470					
RM-471	4.000				
RM-472	1.000				
RM-473	800				
RM-500					
RM-510	1.600				
RM-520	4.800				
RM-530	13.200				
RM-540	3.200				
RM-600	20.000				

Summe	556.500	153.940	164.100		174.985
Prognose Gesamtkosten					
Additiv					567.385
Linear					593.413
Effizienzfaktor in % (EF)					106,6
Zeitfaktor in % (ZK)					113,7
Kostenplan-Kennzahl in % (KK)					106,6

N- Earned Value Analyse

Stichtag 31. August

PSP-Code	Plankosten Gesamt	Plankosten zum Stichtag	Aktuelle Ist Kosten	FGR %	FW (Akt)
RM					
RM-100	72.000	52.000	52.000	72,2	52.000
RM-200	26.400	26.400	26.400	100,0	26.400
RM-300					
RM-310	54.400	54.400	57.000	100,0	54.400
RM-320					
RM-321	1.000	1.000	2.000	100,0	1.000
RM-322	72.000				
RM-323	153.000	153.000	160.000	85,0	130.050
RM-324	1.600				
RM-330	10.400	10.400	10.400	100,0	10.400
RM-340	1.600	1.600	1.700	100,0	1.600
RM-400					
RM-410	16.000	6.000	6.000	40,0	6.400
RM-420	4.000	3.000	4.000	75,0	3.000
RM-430	79.500	4.500	4.500	45,0	35.775
RM-440	8.000	6.000	5.500	80,0	6.400
RM-450	4.000				
RM-460	4.000	3.000	3.000	100,0	4.000
RM-470					
RM-471	4.000				
RM-472	1.000				
RM-473	800				
RM-500					
RM-510	1.600				
RM-520	4.800				
RM-530	13.200				
RM-540	3.200				
RM-600	20.000				

Summe	556.500	321.300	332.500		331.425
Prognose Gesamtkosten					
Additiv					555.425
Linear					554.701
Effizienzfaktor in % (EF)					99,7
Zeitfaktor in % (ZK)					103,2
Kostenplan-Kennzahl in % (KK)					103,5

N- Earned Value Analyse

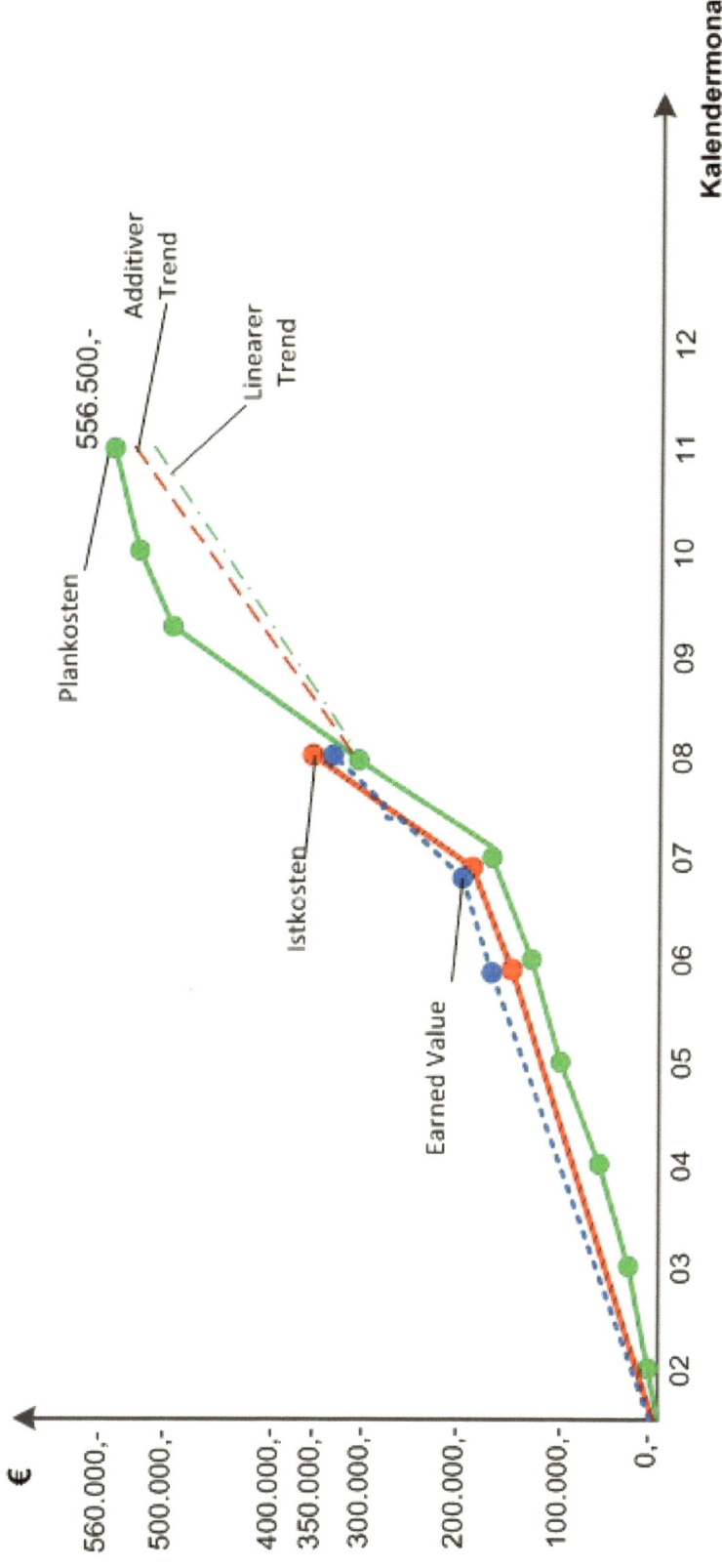

O- Meilenstein-Trend-Analyse

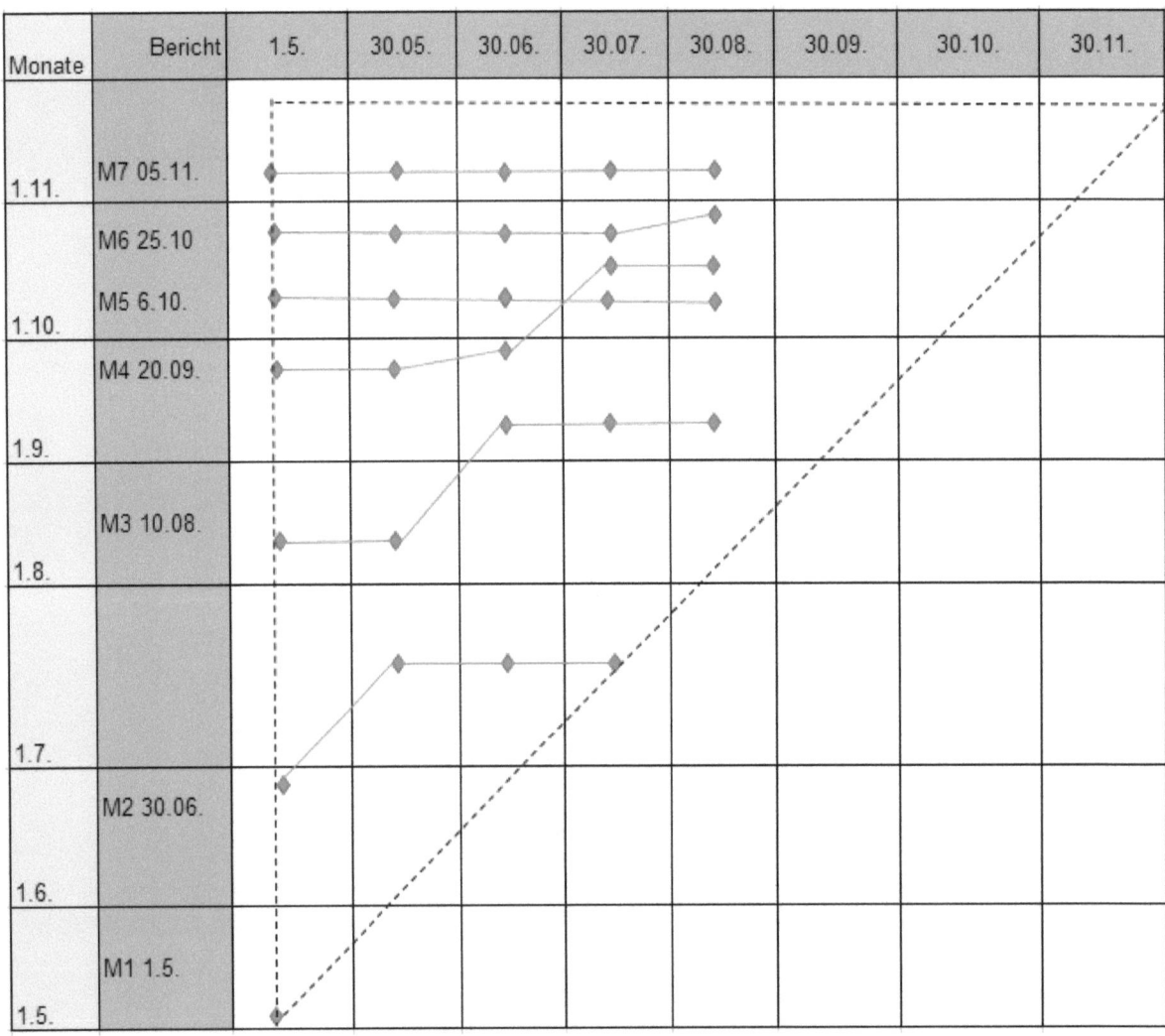

Monate	Bericht	1.5.	30.05.	30.06.	30.07.	30.08.	30.09.	30.10.	30.11.
1.11.	M7 05.11.								
1.10.	M6 25.10 / M5 6.10.								
1.9.	M4 20.09.								
1.8.	M3 10.08.								
1.7.									
1.6.	M2 30.06.								
1.5.	M1 1.5.								

P- Kosten-Trend-Analyse (KTA)

Tabelle Kostenübersicht

	PJ-Start	28.02.	28.02.	30. Apr	30.5.	30.6.	30.7.	30.08.
Geplante-Kosten (PK)	0	12.800	34.000	58.800	101.400	138.500	156.500	325.500
Aktuelle Ist-Kosten (IK)	0	9.000	33.000	66.000	103.000	142.600	164.100	332.500
Aktueller Fortschrittswert (FW)	0	8.000	35.000	60.000	101.000	158.785	174.985	331.425
Plangesamtkosten (PGK)	556.500	556.500	556.500	556.500	556.500	556.500	556.500	556.500
Gesamtkosten linear	556.500	626.063	524.700	612.150	567.520	499.776	521.883	558.305
Gesamtkosten Add	556.500	555.500	558.500	550.500	554.500	572.685	567.385	555.425
EF	100,0	88,9	106,1	90,9	98,1	111,3	106,6	99,7
ZK	100,0	62,5	102,9	102,0	99,6	114,6	111,8	101,8
KK	100,0	70,3	97,1	112,2	101,6	103,0	104,9	102,2

Grafik Plankostenentwicklung

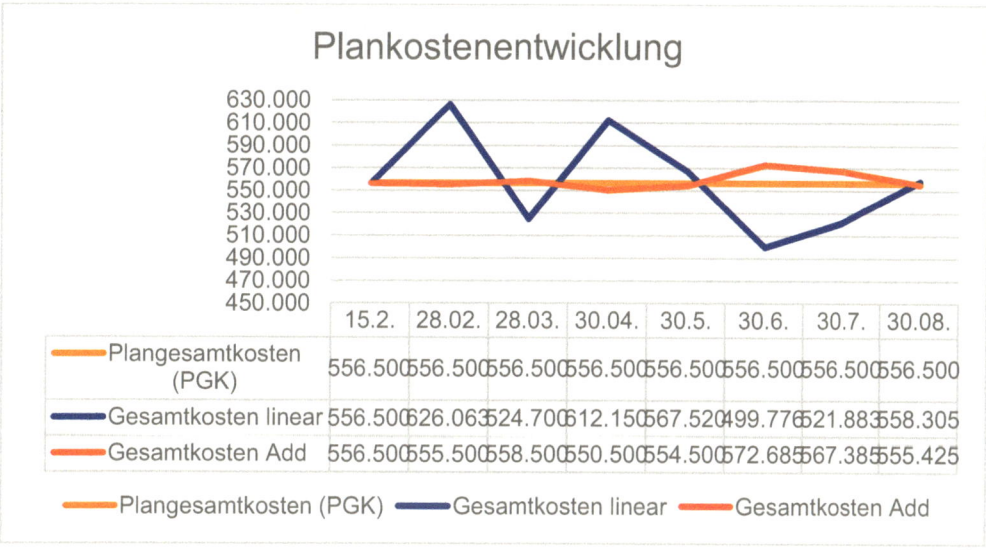

Grafik Kosten Trend Analyse

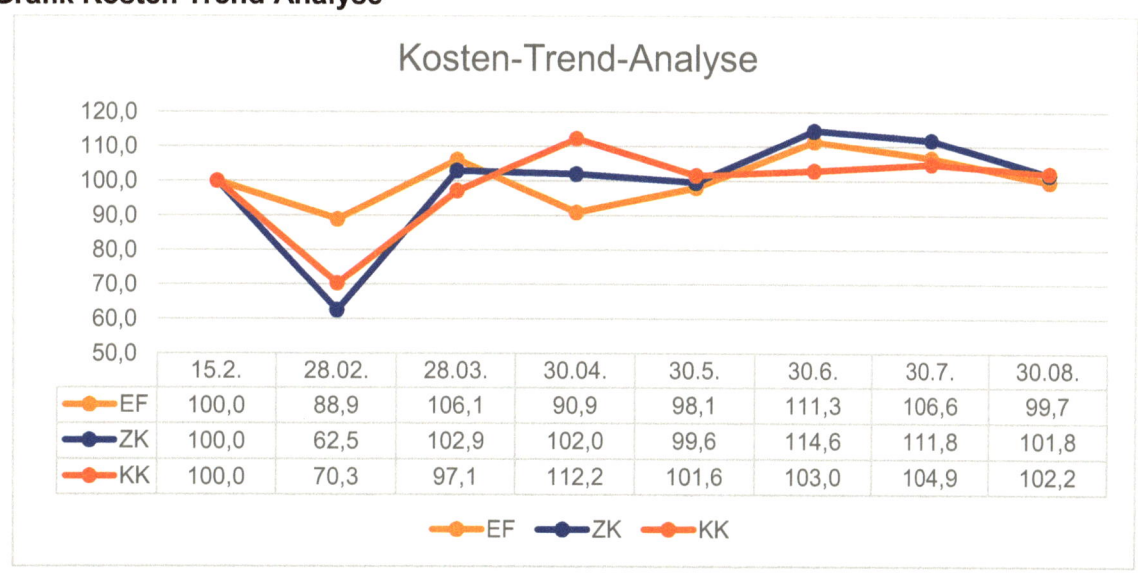

Q- Änderungsmanagement

Individuelle Lösungen

R- Vielseitigkeit

Beispiele für Methoden:

- Brainstorming
- Delphi
- Kartenabfrage
- Mind Mapping

S- Selbstreflexion und Selbstmanagement

Individuelle Lösungen

Bücher zum Thema Zertifizierung von Klaus Rauer:

Fallstudie Projektmanagement I – Aufgaben / Arbeitsheft

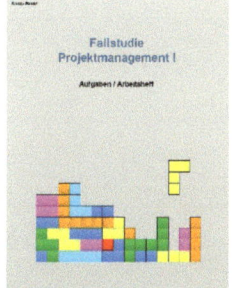

Die Fallstudie „Regionenmesse Oberbayern" bietet eine durchgehende Aufgabenstellung für die Projektemanagementaktivitäten eines Projekts. nach dem IPMA- / DIN-Standard.

Zur Selbstkontrolle oder dem Einsatz im Projektmanagement-Training, sowie als Anregung in der täglichen Praxis.

ISBN: 9 783748 151081

Project-Fastlane
Projektmanagement-Praxis und Prüfungsvorbereitung auf Basis der IPMA ICB4 Kompetenzlevel D

Dieses Buch richtet sich an alle interessierten Personen, die sich Projektmanagementmethodik erschließen, erlernen oder einsetzen wollen. Die Methodik orientiert sich an den Kompetenzelementen der IPMA ICB 4.

Es werden die grundlegenden Methoden diskutiert und anhand von Beispielen erläutert. Dabei werden nicht nur die "Hard-Facts", sondern auch die weichen Faktoren des Projektmanagements behandelt.

ISBN: 9 783748 129684

interface GmbH

Projektmanagement
Testmanagement
Bankconsulting

www.interface-gmbh.de